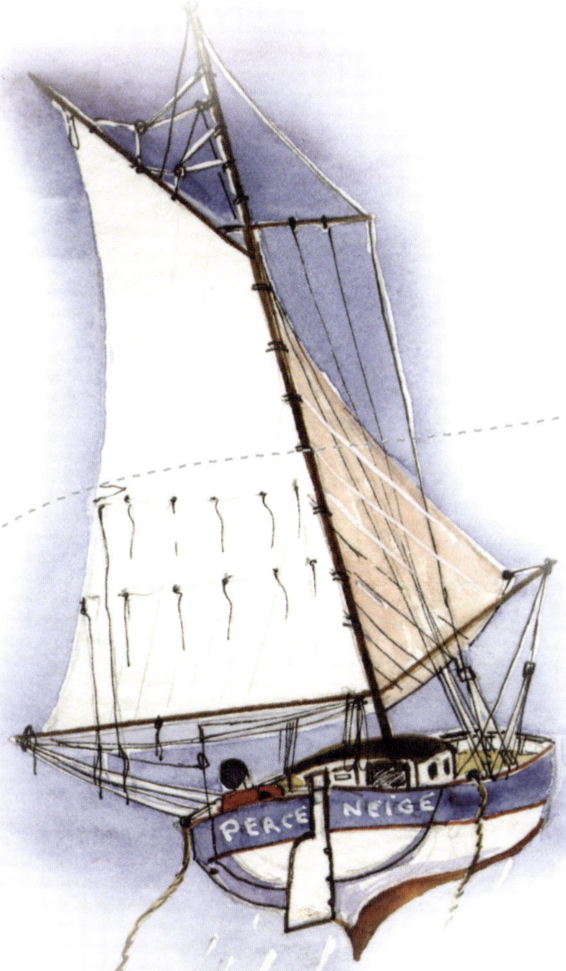

Poésies pour enfants vendues au profit de

l'Association PERCE-NEIGE

qui reçoit la totalité du prix de vente

Le poisson-chat a eu très peur.
Il a regardé tout à l'heure
Dans le coffre d'un vieux bateau
Et s'est enfuit tout aussitôt.

Il a vu un ancien miroir
Et savez-vous ce qu'il crut voir ?
La tête d'un chat moustachu !
Mais c'était lui, bien entendu.

La Grenouille

« Je 'crô a' que la pluie mouille »
Remarqua la grenouille.
« 'Cô a' ? » fit le crapaud.

« Il tombe beaucoup d'eau »
Dit plus fort la grenouille.
« 'Cô a' ? » fit le crapaud.

« Il est sourd comme un pot
Et je suis une andouille
De perdre ainsi mon temps »
Dit soudain la grenouille.

Alors, en bondissant,
Elle partit en vadrouille.

COÂ

la limace escargot

La limace fait la grimace !
Elle a vu passer l'escargot
Et ça l'agace la limace !
« Moi aussi, je veux sur mon dos
De quoi passer l'hiver au chaud »
A-t-elle pensé tout aussitôt.

Elle a vu dans la roseraie
Un dé à coudre qui traînait
Et l'a collé sur ses épaules.
Regardez-la comme elle est drôle !

L'ami Léon n'a pas de chance.
Quand il a vu les papillons
Il a voulu, quelle imprudence,
Voler aussi bien qu'ils le font.

Mais le malheureux est bien lourd !
Il s'est élancé dans les airs,
A pris un virage trop court
Et il s'est retrouvé par terre.

Amis, retenez la leçon :
Si vous n'êtes qu'un hanneton
Ne jouez pas les papillons.

la Cocotte en papier

La cocotte en papier
Un jour en eut assez.
« J'aimerais voyager » se dit-elle impatiente.
Elle sut se replier comme une aile volante
Et grâce aux courants d'air,
Elle survola la terre.
Puis, quand elle vit la mer,
C 'était facile à faire,
Elle prit tout aussitôt
La forme d'un bateau.

encre
de chine

etit ateau

« Envole-toi
Petit Bateau,
Fais comme moi
Vole sur l'eau »

Lui dit l'oiseau.

Tout aussitôt
Petit Bateau
Hissa ses voiles,
Et un vent chaud
Poussa bientôt
Petit Bateau
Jusqu'aux étoiles.

PEACE NEIGE

« Petit gris » l'escargot
Ressemble à un nomade.
Quand il part en balade
Il porte sur son dos
Sa drôle de maison
Tout en colimaçon.
Près de sa cheminée,
Il a fait installer
L'antenne de télé.
Et dès que vient le froid
Il va se réfugier
Sous son bon petit toit.

Petite Pomme
Belle à croquer
Qui fait un somme
Dans son panier.

Bien vite on doit
La réveiller
Il ne faut pas
Qu'elle soit mangée !

Voilà, ça y est
Elle a roulé
Hors du panier,
Et en secret

Elle est allée
Dans le jardin
Bien se cacher
Sous un sapin.

La Tour Eiffel est fatiguée
Et a du mal à respirer,
« Ici, l'air est malsain » dit-elle,
Et sous sa robe de dentelle
Elle fit marcher ses quatre pieds
Qui l'emmenèrent loin de la ville
Sur une plage ensoleillée
Où la vie est calme et tranquille.

an an au cirque

Quand « Pan-Pan » l'éléphant
Entend de la musique,
C'est une vraie panique.
Il danse en sautillant !

Et la terre qui tremble
Fait sauter tous ensemble
Musiciens et artistes
Au milieu de la piste.

La chambre reste close.
Par les trous des volets,
Curieux, le soleil ose
Un regard indiscret.

C'est un doux bébé rose
Qui dort près d'un hochet.

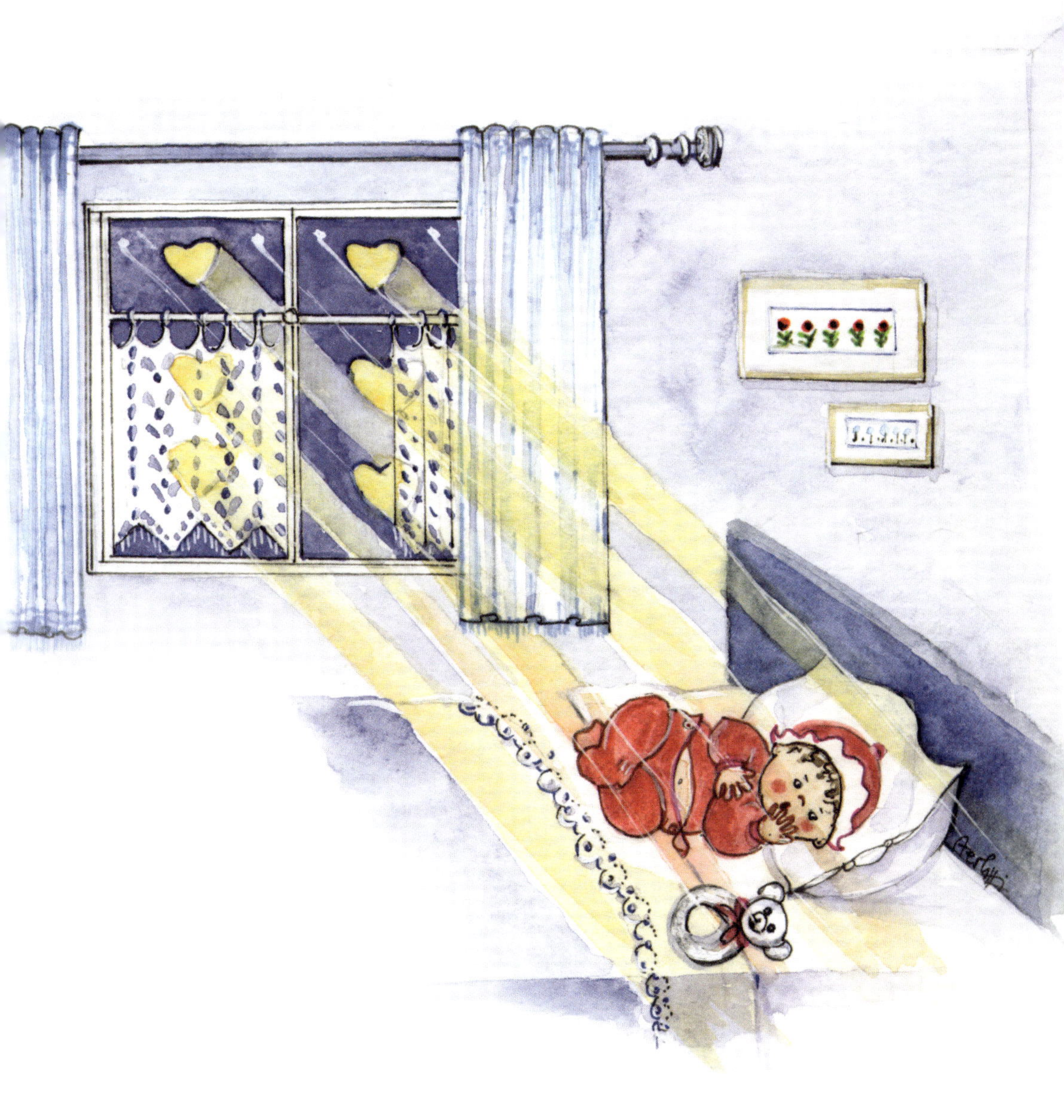

Sur la lune je suis allé.
J'ai construit une grande échelle,
Et puis dessus je l'ai posée.
Alors j'ai grimpé jusqu'à elle.

Savez-vous ce qui s'est passé ?
Dame Terre s'est mise à tourner
Et la grande échelle est tombée !
Dans la lune je suis resté.

Leur bonheur est notre récompense
Lino Ventura

Créée en 1966 à l'initiative de Lino VENTURA, l'association PERCE-NEIGE vient en aide aux personnes handicapées mentales et leur permet de vivre le plus harmonieusement possible leur différence.

Aujourd'hui, l'association se développe un peu partout en France en réalisant des maisons de vie destinées à l'accueil de ces personnes « pas comme les autres ».

Les Maisons Perce-Neige, ont une capacité d'accueil volontairement limitée (30 à 40 places) et offrent un cadre de vie agréable et convivial, favorisant l'épanouissement des personnes handicapées. Le personnel d'encadrement est choisi tant pour ses qualifications professionnelles que pour ses valeurs humaines.

Depuis sa création, l'action de Perce-Neige a permis la réalisation de plus de 30 maisons de vie offrant un lieu d'accueil à près de 1000 personnes handicapées.

Perce-Neige va ouvrir, d'ici 2010, plusieurs nouvelles maisons dans différents départements, notamment le Val-de-Marne, le Lot, la Loire, le Nord,... Dans cette perspective, le soutien et la générosité de tous, particuliers et entreprises, sont nécessaires.

Il manque encore dans notre pays près de 45 000 places pour accueillir les personnes handicapées mentales, enfants et adultes.

Pour toute information :
www.perce-neige.org

© Association PERCE-NEIGE
102 bis, Bd Saint-Denis - 92415 Courbevoie Cedex - Tel : 01 47 17 19 30

Président : Christophe Lasserre-Ventura
Association loi de 1901 (n°66/806), reconnue d'utilité publique par décret du 25/11/1976

Nos chaleureux remerciements à :

Roland Picard (textes)
et **Andrée Terlizzi** (illustrations)
pour leur participation bénévole

le Crédit Mutuel Enseignant pour son soutien

Crédit Mutuel Enseignant Paris La Défense
Tél. : 0820 09 99 98
E-mail : 06018@cmidf.creditmutuel.fr

et Graphitec pour la direction artistique

Dépôt légal : janvier 2008
ISBN 2-9524612-2-8

Imprimé en France par CPE Conseil

A découvrir sur le site internet de PERCE-NEIGE :
www.perce-neige.org

Toutenpattes et ses copains

Recueil de poésies de Roland Picard
Illustrations : François Picard,
Esther Boussageon, Audrey Recio,
Thomas Van

Le Géant des Etoiles

Histoire de Roland Picard
Illustrations de Serge Peynet

30 pinceaux contre l'indifférence

Collectif réalisé par 30 célèbres auteurs de BD dont Achdé, Barros, Chéret, Coconut, Dany, Delvallé, Dirick, Lamarthe, Loyer, Margerin, Meynet, Moebius, Ramaioli, Rodrigue, Tarquin et Guth, Uderzo, Varanda, Widenlocher.

Les peluches Perce-Neige

Famille « Tigran » avec un médaillon « Perce-Neige ».